AF226781

LA RÉPUBLIQUE

ET

LES RÉPUBLICAINS

ÉPINAL

TYPOGRAPHIE ET LITHOGRAPHIE H. FRICOTEL

—

1878

LA RÉPUBLIQUE

ET

LES RÉPUBLICAINS

ÉPINAL

TYPOGRAPHIE ET LITHOGRAPHIE H. FRICOTEL

—

1878

Cette brochure reproduit quelques articles qui ont paru dans un journal *réactionnaire*; ils forment un tout assez complet sur les hommes et sur les choses du jour ; ils ont de l'actualité et ils en auront aussi longtemps que nous jouirons des bienfaits de la République.

Il serait puéril d'énumérer les causes qui *devaient s'opposer* à l'établissement d'une République en France, on a tout dit sur ce point et on a contre ce gouvernement le témoignage des hommes les plus autorisés, maintenant il existe, c'est à ses fondateurs de le faire durer.

Sans rien préjuger, il est permis de dire que, comme toujours, les républicains s'y prennent fort mal et que leur outrecuidance et leurs tendances despotiques sont la négation de leurs principes, qu'ils n'ont du reste jamais pratiqués ; les faits qui le prouvent sont si nombreux et si accablants qu'il n'y a pas de vérité qui soit plus admise et plus certaine.

C'est le cas de dire ici ce que pensait Voltaire de ce principe de la vertu politique dont Montesquieu a si justement fait la base du gouvernement républicain ; mais Montesquieu n'a pu que poser les principes et tracer les règles des divers gouvernements, il n'a pu faire que dans la pratique on les observe ou qu'on s'en éloigne pour y substituer des intérêts et des passions. Voltaire a dit quels sont les vrais mobiles de ceux qui se prétendent républicains, voici comment il s'exprime :

« Une République n'est point fondée sur la vertu ; elle l'est sur l'ambition de chaque citoyen qui contient l'ambition des autres, sur l'orgueil qui réprime l'orgueil, sur le désir de dominer qui ne souffre pas qu'un autre domine. De là se forment des lois qui conservent l'égalité autant qu'il est possible : C'est une société où des convives d'un appétit égal mangent à la même table, jusqu'à ce qu'il vienne un homme vorace et vigoureux qui prenne tout pour lui et leur laisse les miettes. » (1)

Et ailleurs : « Certains hommes donnent la préférence à la constitution républicaine, non parce que leurs concitoyens seront plus libres, mais parce que eux s'y croient tous faits à y devenir maîtres. »

Ah ! si Voltaire vivait, il verrait la confirmation de ces paroles et la République ne compterait pas d'ennemi plus mordant et plus redoutable ! Du reste, il n'aimait pas plus la vraie que la fausse démocratie, il a bien pu s'élever avec éloquence contre le fanatisme et les atrocités qu'il a fait commettre, mais sa nature égoïste le laissait indifférent à la condition et aux misères des classes inférieures.

Et comme il raillerait cette fameuse devise, inscrite sur nos monuments publics, et si tristement commentée par nos révolutions !

Les républicains n'ont plus à défendre la République, ils doivent s'appliquer à la maintenir et à faire prospérer les affaires du pays ; sans prospérité, elle durera moins, beaucoup moins que les dernières monarchies et le césarisme impérial, *c'est la force des choses qui s'y opposera.*

Il faut à tous les gouvernements un courant d'affaires qui fasse vivre la nation, car tout le monde vit des affaires, ceux qui les font et ceux qui ne les font pas ; mais la République doit nous donner plus que ce courant modeste, elle ne peut rester audessous de ses promesses et dorer nos espérances par de pompeuses déclarations ! C'est pourtant ce qui a été fait par le plus grave de nos ministres le 14 décembre, mais nous attendons toujours ce « nouvel essor de prospérité ! » Cette assurance a été donnée *en pleine guerre d'Orient* et M. Dufaure savait aussi bien que personne d'où venait l'état de l'industrie

---

(1) Pensées sur l'administration publique, Chap. II, paragr. XXXVIII).

et du commerce, mais il a voulu *charger* le 16 mai et glorifier d'avance son ministère d'une situation qui, au lieu de s'améliorer, a toujours empiré ! Comédie peu digne d'un homme éminent comme M. Dufaure.

La Restauration et la monarchie de juillet, ainsi que l'empire, ont eu cet *essor* parce qu'ils ont été *autrement acceptés* que la République et qu'ils ont inspiré une confiance que celle-ci ne parvient pas à donner, même à ses amis ! Et, en effet, quelle confiance pourrait-on accorder à un gouvernement qui est soumis à tous les caprices, à toutes les fluctuations de l'opinion publique constamment excitée et pervertie par la presse radicale et qui, du reste, doit être, selon l'expresssion d'un député de l'extrême gauche, « un perpétuel provisoire ! » La stabilité serait nécessaire au sommet du pouvoir, non-seulement elle est contraire à l'institution de la République, mais déjà il est question de supprimer la présidence et de la remplacer par un premier ministre, toujours révocable au gré d'une Assemblée unique, d'une Convention !

On peut le demander aux républicains les moins raisonnables, la prospérité est-elle possible dans ces conditions ? Ne faut-il pas un lendemain à toutes les entreprises et plus nous avançons vers la fin du septennat, ne voit-on pas surgir tous les systèmes et toutes les prétentions ? Maintenant le pays est gouverné par des hommes relativement sages, mais alors quels changements, ou plutôt quels bouleversements, seront opérés ou tentés par les radicaux et les socialistes ? On peut le pressentir par le langage des journaux les plus avancés ; M. Gambetta a encore beaucoup d'admirateurs, mais il est conspué par le radicalisme ; dans ce parti le chef des gauches passe pour *modéré* et chaque jour on lui dit qu'il n'a ni les idées ni les tendances de la démocratie, qu'il est *un traître et un bourgeois repu.*

Voici ce qu'écrit le journal les *Droits de l'Homme,* dans son numéro du 3 juin, sur M. Gambetta.

Le député de Belleville, par malentendu, n'est plus que le

présentant d'une petite bourgeoisie vieillotte qui croit de bon
n d'être tièdement républicaine, mais il n'est même plus appré-
é par les bourgeois intelligents et radicaux de Paris, qui exigent
u'un homme ait son tempérament à lui. Ils ont reconnu que
I. Gambetta n'avait même pas le génie de son ambition. Ils ne
e trouveraient plus dignement représentés par un homme qui a
nfilé à la hate les vieilles pantoufles de M. Thiers et a consenti à
'être plus que la doublure de ce vieillard de sinistre mémoire.

Les radicaux socialistes ne sont pas moins irrités contre les
épublicains bourgeois que contre M. Gambetta.

Voilà ce que nous lisons dans l'*Egalité* du 2 juin :

Le centenaire de Voltaire, dont une fraction de la presse républicaine bourgeoise menait si grand bruit depuis quelques semai-
nes, a passé presque inaperçu en dehors du théâtre de la Gaïté et
du cirque Myers. Malgré la résolution du Conseil municipal de
Paris, invitant les citoyens à pavoiser et à illuminer, c'est à peine
si une rue sur cent représentait, jeudi dernier, un drapeau et quelques lampions.

Ce *four*, — Qu'on nous passe l'expression, — est d'autant plus
significatif, que, par les prohibitions de toute nature dont il avait
poursuivi la célébration du centenaire, le gouvernement de M. de
Marcère n'avait rien négligé pour vaincre l'apathie de la population parisienne, essentiellement frondeuse.

Le patriarche de Fernay n'avait aucun titre à la *sympathie populaire*.

Nos hommes, ceux que notre France mettra dans son Pan-
théon, lorsqu'elle pourra en avoir un, c'est-à-dire lorsque la révolution sera accomplie, elle n'ira pas les chercher parmi les porte-
plumes des premiers ou dans la cuvette des courtisannes titrées ;
mais sous le couteau sanglant de la guillotine, au pied des po-
teaux d'exécution, sous le pavé des rues transformées en barrica-
des ou dans la chaux vive des fosses communes.

Il nous semble que la déclaration de guerre à la république
bourgeoise est nettement accentuée.

Les modérés n'ont pas l'air de trop la craindre encore, et
cependant ils ne sont qu'a demi-rassurés. Ils n'ignorent pas

que le radicalisme le plus accentué à toujours été victorie
dans les élections.

Le Conseil municipal de Paris en est un éclatant exempl

En république on descend toujours, et quoique déjà arriv
bien bas, la France a encore à descendre.

A Paris on a vu les *processions républicaines* et une *Marian*
en clamide rouge, en tunique blanche et un bonnet phrygie.
traînée à travers la foule d'un quartier. En tête, une charret
de musiciens qui jouaient la *Marseillaise*, et derrière des hon
mes sans blouses, la tête nue, les manches retroussées. A cô
d'eux des femmes et des enfants dans un état..... !

Et tout ce monde hurlant : « aux armes citoyens! — qu'u
sang impur... »

C'est le côté grotesque de la situation, celui qui rappelle le
farces et les saturnales de la République de 48.

Il y en a un autre qui indique nettement les désirs sangui
naires d'une partie de la population, la *Marseillaise* n'est plu
à la hauteur du *patriotisme* de ces *citoyens* ils chantent le *ça ir*
et ils crient *vive la guillotine* !

Les ignominies de Marseille sont connues de tout le monde
des misérables ont outragé la statue d'un évêque qui devrai
être un héros populaire comme il a été un héros de charité
et le Conseil municipal de cette grande ville a voulu faire en-
lever cette statue !

L'anniversaire de la prise de la Bastille a été célébré à Paris,
à Lyon et dans d'autres villes par des banquets et des discour
et presque partout la note dominante a été : l'amnistie et la
glorification de la Commune.

Récemment on a exposé et mis en vente des gravures qui
représentent un bonapartiste, un légitimiste et un prêtre pen-
dus à une lanterne et au-dessous cette légende : *Des Lampions.*

Et le gouvernement laisse faire !

Si ce ne sont pas là des *signes*, où les cherchera-t-on?

Avant de finir cet exposé nous voulons encore rappeler l'o-
dieuse campagne du parti républicain pendant la période du
16 mai.

Il ne lui suffisait pas de lancer contre les ministres les accusations les plus perfides au sujet du conflit intérieur : c'était
une question à débattre entre Français, et, à ce point de vue,
il pouvait tout se permettre, et il s'est tout permis.

Mais cela n'a pas suffi à ce parti ; il a compris que le pays
trouverait quelque peu ridicules ces hommes de coups de
main révolutionnaires, ces partisans de la dictature inepte de
M. Gambetta, invoquant la constitution, la liberté, le droit,
ceux qui ont déchiré vingt constitutions, étouffé toutes les
ibertés, méconnu tous les droits.

Le parti républicain a alors imaginé de faire appel aux
étrangers, qui, du reste, ne demandaient pas mieux que de le
soutenir, car ils trouvaient tout bénéfice à la défaite des conservateurs. C'est alors que l'on a vu les étrangers, répondant
à l'appel des républicains, lancer contre notre pays, contre le
maréchal, contre les conservateurs les accusations les plus
odieuses ; et les républicains applaudissaient, et ils criaient au
pays : lisez le *Times*, lisez la *Gazette de Cologne* : les conservateurs veulent la guerre avec l'Allemagne, avec l'Italie, avec
l'Angleterre, avec le monde entier ; — si les conservateurs
triomphent, M. de Bismarck envahit la France ; on indiquait
même la date : c'était pour le 1er décembre.

Tel a été le langage des républicains sous le dernier ministère, on ne saurait rien imaginer de plus vil et de plus hon-
teux.

Maintenant, pour masquer l'impuissance du gouvernement
à nous rendre cette prospérité *qui ne veut pas venir*, on essaie
de nous leurrer par l'agiotage et la danse des millions. Les
rentes montent parce que l'argent ne va plus aux affaires,
c'est là tout le secret d'une hausse qui prouve le *contraire* de
la prospérité.

Voici comment le *Times* s'exprimait, il y a quelques semai-
nes sur les manipulations financières de nos députés, et il faut
noter qus ce journal est favorable à la majorité, il s'est acti-
vement employé à la faire nommer :

Les déficits s'accumulent, on jongle avec les milliards ; on laisse de côté, comme de pures vieilleries les maximes d'économie d'après lesquelles il faut proportionner la dépense au revenu ; trente-trois commissaires du budget, parmi lesquels il se trouve beaucoup d'avocats, peut-être pas un seul financier, encore moins un seul membre de l'opposition, *mènent la France à ce carnaval financier* que Proudhon annonçait à ses compatriotes. Cet état de choses n'a rien de rassurant, et les splendeurs de Paris ne suffisent pas à voiler ce que l'avenir a de redoutable pour la belle France.

Tout cela est vrai : les opportunistes qui nous gouvernent le savent parfaitement, mais pour persévérer dans leurs agissements, ils ont des motifs qui sont étrangers au salut de la République, encore plus au salut de la France!

TARTUFE RÉPUBLICAIN

Lorsque Molière a créé le type immortel dont il a fait Tartufe, il n'a pas attaqué la religion, mais l'hypocrisie religieuse qui était alors la plus répandue et la plus utile : aujourd'hui l'hypocrisie courante se manifeste dans la politique, car la fausse dévotion n'offre plus de profits ; Tartufe s'est fait républicain.

Il est sans doute très-légitime de discuter la République, plus elle dure, plus elle devient discutable, mais je veux seulement dire ce qui se passe dans le parti républicain, de qui il se compose et comment on y opère pour préparer le bonheur du peuple.

En regardant les hommes et les choses, on s'assure bien vite que dans ce parti il n'y a que des meneurs et des menés, des ambitieux et des badauds, des dupeurs et des dupes ; de l'orgueil et de la vanité, de la suffisance et de l'insuffisance, il y en a partout.

La crédulité, la goberie, font partie de l'essence de la démocratie ; le peuple n'y a presque jamais été qu'un instrument au service des ambitieux ; son ignorance et son goût pour les discours vides et sonores en ont le plus souvent fait la dupe de ses orateurs qui, comme les charlatans, ont des remèdes pour les maux et ne font que leurs propres affaires.

Hélas ! les générations se suivent et se ressemblent : à chaque avénement d'une République en France, les républicains se trouvent en très-petit nombre et dès qu'ils ont établi leur gouvernement, par la violence ou la trahison, ils entraî-

nent à leur suite le gros de la nation. On assiste alors à u
spectacle repoussant : des hommes que l'on a connus partisans déclarés d'une forme monarchique, se jettent dans le
rangs contraires, poussés par la peur ou par l'ambition, et il
dépassent bientôt les républicains de la veille pour faire ou-
blier qu'ils sont des renégats, comme si parmi les républicains on s'attachait aux antécédents ou à la qualité des personnes !

Est-ce par les idées ou par les sentiments que l'on est vraiment républicain? Les idées n'indiquent qu'une préférence
pour une forme de gouvernement qui, plus que les formes
monarchiques, facilite l'accès des honneurs et du pouvoir aux
flagorneurs du peuple, car, hors les cas de péril extrême
comme en 1871, il préfère généralement les hâbleurs et les
acrobates à ceux qui ne lui font pas de pompeuses promesses.

C'est par les sentiments que l'on est républicain, c'est par
le dévouement à la chose publique et par une manière d'être
qui témoigne de l'attachement pour ses concitoyens, par des
actes et des égards qui, dans toutes les conditions expriment
la bienveillance et le respect de l'homme pour l'homme,
quelque soit le titre, le rang ou la fortune. Sans ce caractère
et ce fond de bienveillance qui doit animer chacun envers son
semblable, l'idée républicaine, c'est-à-dire la simple préférence
d'une forme de gouvernement, n'est qu'une comédie et une
piperie où se laisse prendre la majeure partie du peuple souverain.

Qui n'a pu constater chez les républicains la distance qu'ils
mettent entre l'idée et le sentiment! A les entendre, ils ne
veulent que le bonheur du peuple ; les candidats qui briguent
ses suffrages s'engagent à demander des améliorations qui
donneront à tous un certain bien-être, ils feront mieux, beaucoup mieux que leurs prédécesseurs et s'ils sont nommés, on
verra luire un nouvel âge d'or ! Ils débitent cela dans leurs
discours, ils l'écrivent dans leurs professions de foi, mais
quand le but est atteint, *quand le tour est joué,* on ne voit pas

d'hommes moins bienveillants et plus hautains. Loin d'aimer le peuple, ils le méprisent et ne se servent de lui que pour satisfaire leurs vues ambitieuses. Ils vont plus loin, car ils haïssent et ils calomnient ceux qui pratiquent ce qu'ils ne font que dire et prétendent réaliser par des dispositions légales ; ils ne veulent pas de certaines assistances individuelles ou collectives parce qu'elles prouvent au peuple où sont ses vrais amis.

S'il y a dans le parti républicain beaucoup d'ambitieux et de peureux, on y voit encore une autre catégorie très-importante par le nombre et l'influence, c'est celle des gens riches ou tout au moins aisés, qui, mécontents de ne pas s'élever à la hauteur de leurs prétentions, affectent pour l'égalité une passion qui n'est que le masque — mal ajusté — de leur orgueil et de leurs déceptions.

Aristocrates par inclination, ils se disent républicains par dépit, uniquement pour trouver beaucoup d'inférieurs parmi leurs égaux.

Oui, il y a chez un grand nombre de prétendus républicains une tendance très-réelle à former une aristocratie ; dans toutes les villes et dans les moindres bourgades il existe un état-major de poseurs et de hâbleurs auxquels le *bon peuple* fait la courte échelle sans s'apercevoir qu'il ne gagne absolument rien à leur élévation et qu'il favorise ceux qui l'exploitent avec impudence au profit de leurs vues personnelles. Non, les républicains ne font rien pour le peuple, ils ne l'aiment pas et ils le traitent de « lâche et d'idiot » dès qu'il se montre assez avisé pour se faire représenter par des hommes moins importants et plus dévoués.

N'est-il pas vrai que la vertu politique est le principe du gouvernement dans les démocraties ? Or cette vertu n'est autre que celle « qui dirige au bien général », que Montesquieu appelle « un renoncement de soi-même, et il ajoute « qui est toujours très-pénible. »

Je me demande si à aucune époque et dans aucun pays on

a vu des hommes plus ambitieux et plus rapaces, et conséquemment plus égoïstes que nos prétendus républicains ? C'est par bandes qu'ils se ruent sur les places et sait-on le nombre de tous les *Rabagas* qui font leur carrière de la République ? Dès qu'ils sont au pouvoir, ils se hâtent de démentir le langage qu'ils ont tenu dans l'opposition, c'est en masse qu'ils renouvellent l'administration, ils font bien plus largement ce qu'ils avaient tant reproché à leurs prédécesseurs d'avoir fait dans une moindre mesure ! Ils ont toutes les audaces et ils sont bien enhardis du reste par l'attitude des conservateurs.

Ils ne veulent pas des candidatures officielles qui ont été pratiquées sans interruption par tous les gouvernements depuis 1830, mais en les répudiant dans leurs circulaires, les ministres n'en indiquent pas moins lenrs préférences, et leurs agents savent se régler sur des vues bien comprises. Ils n'ont pas la candidature officielle, ou du moins ils ne l'ont plus aujourd'hui, mais ils en ont fait un abus révoltant en 1848 et en 1870, ils opprimaient le suffrage universel et au besoin ils le supprimaient, comme a fait Gambetta pendant près de cinq mois. Quant aux invalidations, elles sont prononcées avec un cynisme qui n'a pas de précédent et la majorité de la Chambre règne et gouverne dans les conditions les plus despotiques.

Que de cris les républicains n'ont-ils pas poussés après le 16 mai ! L'acte du Maréchal était un coup d'Etat, il avait porté partout le désordre et arrêté les affaires — qui allaient trèsmal depuis plus d'un an, on s'en plaignait assez ! — Et maintenant où en sont les affaires ? Ils le savent bien, ceux qui criaient si fort, mais ils n'ont plus d'intérêt à charger un gouvernement qui est leur œuvre et leur idéal.

La vérité est que les affaires vont aujourd'hui plus mal qu'il y a dix mois, aussi les journaux répuplicains ont-ils fait là-dessus un silence complet, jusqu'au jour où les grèves se sont déclarées, et tout récemment le journal *la France* a jeté un cri d'alarme en reconnaissant que la république est atteinte d'*anémie* et menacée d'une crise du travail ! Voilà donc où en est cette fameuse république qui succédant au gouvernement du 16 mai devait rendre la santé et la prospérité à la France.

M. de Girardin aura beau dire et beau faire, la confiance ne se commande pas et ce ne sont pas ses électeurs ni ceux des 363 qui donneront aux affaires ce nouvel essor dont parle le message que les ministres actuels ont fait signer au Maréchal ! Oh ! non — et malheureusement — cela ne sera pas, car le gouvernement est aux mains de ceux dont la partie sage de la nation ne veut pas et on verra mieux encore ce que la République gouvernée par des républicains fera de nous, au dedans aussi bien qu'au dehors.

On sait que les républicains se considèrent comme la vertu même, rien que parce qu'ils se déclarent républicains ! La plus injustifiable de leurs prétentions est celle du patriotisme, et d'un patriotisme exclusif, qui est leur bien, et ils le refusent absolument à leurs adversaires. En quoi consiste donc ce grand patriotisme ? A hurler la Marseillaise en faisant des manifestations et des ovations à leurs fonctionnaires et à leurs députés ! Ils la hurlaient aussi pendant la guerre, lorsque d'autres allaient se faire tuer ou périr de misère pour l'honneur du pays ! Où a-t-on vu leurs *volontaires* devant l'ennemi? Ils étaient dans les préfectures, dans les postes civils, s'éloignant du danger et y poussant les réactionnaires qui obéissaient *patriotiquement* à des maîtres qui leur étaient odieux. N'est-ce pas pendant nos désastres que M. le dictateur télégraphiait à son ami Laurier : « Tenez-vous gais et de bonne composition, ici je fume cigares exquis ». Comment n'être pas gais puisque la France vaincue, c'était le triomphe de la République ! Et l'outrancier, le fuyard qui a écrit cela est resté l'idole de beaucoup de français. Quelle turpitude ! Quelle abjection dans la décadence !

Il est certain que la République ne réussit pas à s'implanter en France ; elle est faite, proclamée par le parlement et acclamée par la majorité du pays, et pourtant elle n'a pas de racines. L'adhésion de la majorité serait la même pour tout gouvernement de fait succédant à celui-ci, éomme cela s'est taujours passé. Il ne faut donc tirer aucune conséquence d'un fait qui s'eet produit sous les deux empires et avec un enthousiasme bien plus grand que celui d'aujourd'hui et de 1848 pour la République ; alors l'opposition n'était certainement pas du dixième de la population et maintenant elle est au moins du tiers, et il convient de considérer la valeur et la qualité des personnes. On aura beau décréter la loi du nombre elle ne pvévaudra jamais longtemps contre la loi morale qui s'impose d'elle-même et fait toujours que la raison finit par avoir raison.

Bien des gens croient ou feignent de croire que c'est la république qui déplaît aux opposants.

Pourquoi en serait-il ainsi ? Les monarchistes ne désirent pas la monarchie dans l'intérêt du roi, mais dans un but de stabilité et de prospérite générale. Que la République nous assure ces biens comme ont pu le faire d'autres gouvernemcnts et ellé aura pour elle à peu près tout le monde ; mais il y a bien des raisons pour qu'elle ne parvienne pas à tenir ses promesses, ni même à nous donner le nécessaire.

M. Guizot a dit excellemment : « La République a, de nos jours, cette force qu'elle promet tout ce que désirent les pruples, et cette faiblesse qu'elle ne saurait le donner. C'est le gouvernement des grandes espérances et des grands mécomptes. »

Rien n'est plus vrai, puisse le peuple s'en convaincre bientôt et s'épargner de trop dures leçons !

Ce n'est pas ici le cas d'insister sur nos traditions, sur nos mœurs et sur nos habitudes, ni sur la position que la France occupe en Europe, cela dépasserait le cadre de cet article. Je ne m'occupe que du personnel si varié et si inquiétant qui forme la masse du parti républicain, surtout de ces tartufes qui utilisent à leur profit un état social où tout a été sans cesse agité et bouleversé depuis tant d'années, où l'on a établi le dogme de la souveraineté du peuple et le suffrage universel, qui est « l'arme exclusive et malfaisante » des intérêts popu-laires ; il en a été jusqu'ici le plus grand ennemi parcequ'il est l'incompétence absolue érigée en principe. Les dupeurs publics, les faux amis du peuple ont une marge immense dans la bêtise humaine, ils font leurs affaires aux dépens de ceux qui les écoutent et le pays se ruine depuis qu'ils sont maîtres de tout. Si Proudhon vivait encore, il les flgellerait comme il l'a fait en 1848. Voici ce qu'il disait alors : « Avec vos grands mots de guerre aux rois et de fraternité des peuples, avec vos paroles révolutionnalres et tout ce tintamarre de dé-magogues, vous n'êtes que des *blagueurs*. »

Il faut reconnaître qu'aujourd'hui Proudhon ne signalerait plus chez les républicains l'ardeur belliqueuse qui les faisait crier « la guerre aux rois », de ce côté ils sont devenus aussi sages qu'ils étaient arrogants, et forcés du reste, comme toute la nation à beaucoup de prudence, ils l'observent avec un soin qui va jusqu'à l'aplatissement ; leur servilité envers M. de Bis-marck n'a d'égal que leur impudence envers les réactionnaires et les cléricaux auxquels ils imputent tous les mécomptes de leur industrialisme politique.

LES RÉPUBLICAINS

ET LEURS CONTRADICTIONS

Il y a un fait qui s'est toujours produit lorsque les républicains ont gouverné la France, c'est l'opposition entre leurs théories et leurs pratiques, entre leur langage et la réalité; je vais le démontrer par une simple analyse et sans aucune passion; voyons ce qu'ils ont toujours fait et signalons leurs contradictions.

Les républicains français proclament la souveraineté du peuple comme la base fondamentale de toute démocratie, et, à la première révolution, ils recourent au triumvirat, à la dictature, en opprimant les assemblées, expression de la souveraineté, comme firent les montagnards et les jacobins pendant le cours de la Convention.

Ils reconnaissent que le suffrage universel est le verdict absolu du peuple, juge infaillible de ce qui lui convient, et lorsqu'il s'agit de savoir si le suffrage universel a le droit d'opter entre la République et la Monarchie, ils déclarent que la République étant, un principe antérieur et supérieur au suffrage universel lui-même, ce suffrage n'a pas le droit de choisir d'autre forme de gouvernement que la République.

Ils sont partisans du droit individuel de l'homme, ils légitiment ses tendances naturelles à se satisfaire par le libre jeu de ses forces et de ses facultés et ils incarnent leur idéal politique dans une conception de l'Etat qui absorbe, qui engloutit tous les individus, dans une unité brutale et despotique, opérant à la façon de ces immenses mécanismes industriels, que nous voyons fonctionner sous nos yeux.

Ils élèvent des autels à la liberté politique, et dès qu'ils sont au pouvoir, ils la brisent comme le premier obstacle qui s'oppose à l'exercice de leurs volontés et à la réalisation de leurs rêves.

Ils font brûler la myrrhe et l'encens aux pieds de la liberté de conscience, et ils interdisent la liberté de croire au nom de la raison, comme les fanatiques imposaient la croyance au nom de l'inquisition. Au besoin, ils commanderaient l'incrédulité par la force, comme Louis XIV commandait la croyance par les dragonnades. En sorte que l'athéisme devient un article de foi au même titre que les commandements de l'Eglise.

Le schisme des idées religieuses et des doctrines politiques, philosophiques et morales ne leur déplaît point et ils imposent à ceux qu'ils dirigent ou qu'ils commandent, une discipline de fer, une consigne d'esclave.

Ils se moquent des pompes extérieures, des formules, des rites, de toutes les pratiques conventionnelles, de tout ce qui ressemble à l'étiquette, au cérémonial, aux formes extérieures de la puissance intellectuelle ou morale et ils organisent de petites églises fermées à triples cadenas, dans lesquelles on célèbre des mystères, où l'on porte des chapeaux d'une certaine forme, des chemises d'une certaine couleur, où l'on prononce des paroles sacramentelles et cabalistiques. Ils rient des solennités et des fêtes de l'ancien régime et ils créent d'autres fêtes, d'autres anniversaires, d'autres cérémonies, d'autres cultes. Aux panathénées royales, portant sur leurs étendards des fleurs de lis ou des abeilles, ils substituent des panathénées démocratiques qui portent le triangle égalitaire.

Ils répudient les dynasties monarchiques et ils créent des dynasties républicaines qui durent des demi-siècles, en perpétuant les mêmes noms. Ils se moquent des vieilles idées, des vieux hommes, des vieilles doctrines, et ils reprennent sans cesse le fonds de magasin de toutes les révolutions, et ils rééliront sans cesse le même personnel. Ils prétendent honorer la capacité, le talent, le mérite, les efforts persévérants du travail, et avec une fureur haineuse et concentrée, ils éloignent systématiquement toutes les capacités vraies pour glorifier les médiocrités les plus complètes et les personnalités les plus banales.

Ils font profession de haïr le jésuitisme et le charlatanisme et ils agissent tout aussi artificieusement, à l'occasion, que les moines italiens et d'une façon aussi charlatanesque que les entrepreneurs d'exhibitions foraines.

Ils ne peuvent pas supporter la règle, la loi écrite, les formalités, les chartes, les constitutions et, dès qu'ils sont au pouvoir, ils demandent à cor et à cris, qu'on fasse des constitutions dans les vingt-quatre heures, qu'on écrive, sur le marbre et sur le bronze, les droits du peuple ; ils multiplient les règlements, les formalités ; ils entassent des lois et refont des codes à la place de ceux qu'ils voulaient brûler.

Que conclure de ce coup d'œil jeté sur les vastes aspects de la question ? D'abord ceci, c'est que dans nos idées françaises, le mot révolution n'implique pas, comme on le croit, un ensemble d'idées arrêtées, un corps de doctrines positives; qu'en tous cas — et c'est un grand mal — les révolutionnaires, reprennent immédiatement et fatalement les traditions monarchiques dès qu'ils sont au pouvoir ou dès qu'il s'agit de passer de la théorie à la pratique.

Il n'est donné à aucun parti politique d'être toujours conséquent avec lui-même, cela est vrai ; mais il ne serait que sage, de la part des révolutionnaires, de ne pas affecter des formes aussi farouches et de ne pas professer des théories aussi inébranlables, quand ils les abandonnent aussi aisément en fait. On ne peut rien citer de plus instructif en ce genre que ce qui s'est passé il y a cinq ans dans la crise parlementaire, relative à la Constitution. Adversaire déclaré du pouvoir constituant de l'Assemblée nationale, le parti radical, qui *rece-*

vait le mot d'ordre de M. Gambetta, déclarait que pour rien au monde, il n'accorderait à l'Assemblée le droit de prendre la moindre mesure constitutionnelle, réglant quoi que ce soit au delà de ses propres pouvoirs. M. Gambetta prononça un *non possumus*, déclarant catégoriquement que toute proposition de loi, ayant un caractère constituant quel qu'il fut, même une loi électorale, était interdit à l'Assemblée nationale ; que le parti radical s'y opposait de la manière la plus absolue ; que ce serait une usurpation flagrante, audacieuse, sacrilège de la souveraineté nationale.

Un coup de baguette, et tout est changé ! les sourcils se détendent, les fronts se courbent et l'on vote en un tour de main, le pouvoir constituant de l'Assemblée sur le projet de loi organique du gouvernement.

Voilà la logique révolutionnaire.

Ce que nous venons de dire regarde le passé, on l'a vu sous nos trois Républiques ; voici ce qui appartient à l'époque actuelle, c'est la suite des fameuses déclarations du ministère Dufaure, celui du 13 décembre, qui devait ouvrir une ère de prospérité, apaiser les esprits et gouverner le pays avec tant de sagesse !

La majorité de la Chambre a institué un comité de seize membres, dont elle vote toutes les décisions, et ce comité est lui-même soumis à M. Gambetta, qui affecte d'être tout le parlement, tout le gouvernement, toute la France ! Avec autant de raison que Louis XIV, il peut dire : L'Etat, c'est moi. Et c'est ce qu'on appelle la République parlementaire !

On a vu que cette majorité a voté le budget en refusant les crédits nécessaires au fonctionnement des lois qu'elle voulait abolir, ce qui est à la fois tyrannique, hypocrite et illégal. Quant au refus intégral du budget, il change absolument les conditions du régime parlementaire et il asservit le pouvoir exécutif par la menace de détendre tous les ressorts de l'Etat, de livrer le pays au désordre et d'abandonner la société à une barbarie provisoire.

D'autre part on traite nos finances sans aucun souci d'économie ni de règles économiques; c'est le régime d'ordre et d'épargne qui devait être si supérieur aux régimes précédents!

Reste le scandale des invalidations dont on a tant parlé depuis cinq mois, qu'il est superflu d'y insister.

Puis l'ingérence de la gauche dans les questions militaires, elle énerve la discipline par les doutes qu'elle répand dans le cœur du soldat, à qui les journalistes prêchent le refus de l'obéissance passive, et dans l'esprit de l'officier à qui les députés enseignent qu'il faut être un homme de leur parti, républicain ou radical, pour avancer rapidement en grade. On tient en suspicion le ministre de la guerre et on met en disponibilité nos meilleurs généraux. Le duc de Chartres n'a pu aller voir le chef de sa famille sans exciter une clameur dans tout le parti républicain qui appelle « manifeste princier » une visite de haute convenance.

Les républicains sont à la fois ridicules et odieux dans leurs exigences, leur tyrannie s'exerce envers les fonctionnaires soupçonnés d'être conservateurs, on frappe et on dépossède de simples agents, si humbles qu'ils soient, ni neutres qu'ils puissent être! Ajoutons les dénonciations perpétuelles et les enquêtes bruyantes, les injures et les menaces de la Commune et demandons-nous si cette situation est celle de l'apaisement tant prédit par la gauche ou le présage de plus graves abus?

LES RÉPUBLICAINS ET LEURS THÉORIES

jugés par eux-mêmes

Les républicains ont inventé le dogme de la souveraineté du peuple qu'ils ont mis à la place du droit national et dont l'empire s'est si *admirablement* servi contre eux ; il y a une autre souveraineté, certaine et invariable autant que celle de la multitude est capricieuse et folle, c'est la souveraineté du *fait* qui s'impose à tous avec une force contre laquelle s'épuisent tous les mensonges et tous les sophismes et qui rend vaines toutes les déclamations. Or, c'est en rappelant leurs actes, et leurs contradictions que j'ai attaqué les républicains, je vais faire voir comment ils se jugent entre eux et en quelle estime ce parti est tenu par ceux qui en ont été ou en sont encore d'importantes personnalités.

Opinion de Béranger sur la République, rapportée par M. Louis Blanc :

« Béranger était républicain à coup sûr, mais il n'apercevait la République que *loin, bien loin encore dans l'avenir*, parce que la génération contemporaine ne lui paraissait pas propre à fournir des républicains, parce que, dans la plupart de ceux qui se proclamaient tels, et qu'il jugeait sincères, il ne découvrait qu'aspirations généreuses, où il cherchait des convictions réfléchies ; parce qu'enfin beaucoup d'entre eux prenaient follement pour de la dignité personnelle, *le mépris de toute discipline, et l'envie pour l'égalité*. Je me souviens qu'un jour, il me dit avec un sourire doucement moqueur :

« Vous êtes trop pressé, mon enfant; vous parlez de République! Mais dans une République, il faut un vice-président, attendu que le président peut tomber malade; or, trouver aujourd'hui quelqu'un qui se contente d'être vice-président, voilà le difficile! »

Il y a longtemps que Béranger a dit cela, aujourd'hui ne le dirait-il plus? Je crois tout le contraire. En 1849, il visitait Chateaubriand qui touchait à sa fin et qui lui dit : « Eh bien! vous l'avez votre République! » « Oui je l'ai, répondit Béranger, avec tristesse, mais j'aimerais mieux ne pas l'avoir! » Les républicains d'aujourd'hui lui paraîtraient-ils meilleurs que ceux de 1849? Mais la plupart sont les mêmes et parmi les nouveaux il y en a qui sont pires! Je pense que si Béranger vivait encore, il aimerait la République... sans les républicains!

Je reprends mes citations.

« La domination de la multitude a quelque chose de tumultueux, de sauvage et presque toujours de sanglant. C'est de la barbarie. »

Louis BLANC (histoire de dix ans).

« Les républicains sont des requins et des voleurs. »

Victor CONSIDÉRANT.

« Tout ce que la masse payante et sensée de la nation gagne à ces belles et grandes réédifications sociales sur de larges bases, — comme ils disent sans rire — c'est de penser avec effroi que chacun à son tour a le droit de vouloir jouer à l'architecte; c'est de payer la main-d'œuvre; c'est de redorer chaque couronne, d'habiller à neuf quelques gredins en guenilles et de soûler la canaille. »

Eugène SUE.

« Ils veulent que le gouvernement, pourvu qu'il soit démocratique, fasse tout, ose tout, tienne tout. La tyrannie, qui leur paraît exécrable en haut, leur paraît excellente en bas. Ils oublient que l'arbitraire ne change pas de nature en se déplaçant, et que, si l'arbitraire des rois et des aristocrates est insolent, l'arbitraire du peuple est odieux. »

LAMARTINE.

« Le socialisme est le dernier rêve de la crapule en délire. »

« Avec vos grands mots de guerre aux rois et de fraternité des peuples, avec vos paroles révolutionnaires et tout ce tintamarre de démagogues, vous n'êtes que des *blagueurs*. »

PROUDHON.

« Dans le parti soi-disant républicain, il n'y a pas de républicains, ceux qui s'affublent de ce titre sont des ambitieux hypocrites qui ont peur de se voir démasqués, ils sont simplement des pontes qui jouent sur la rouge et qui biseautent les cartes. La République ce serait « le gouvernement des meilleurs choisis pas tous : » leur République à eux, c'est le despotisme des pires et des incapables, choisis par les dupes, les imbéciles et les complices, — avec l'aide des coquins et des scélérats. »

Alphonse KARR.

M. Thiers, dans un mot souvent cité, que l'histoire et la politique de notre temps, ont recueilli toutes d'eux, n'a fait qu'accentuer cette autre parole de Tite-Live : « Rien n'est plus misérable que les jugements de la multitude. »

Gavarni aimait à répéter le mot de Topfer sur les doctrinaires de 1848 : « L'homme moins l'être moral » et il avait résumé dans une légende de la série *Histoire de politiquer*, sa pensée sur la puissance de l'opinion : « Ce qu'on appelle esprit public est la bêtise de chacun multipliée par la bêtise de tout le monde. »

Je ne résiste pas au désir de donner après ces jugements celui de madame de Girardin : il est vrai qu'elle n'était pas républicaine et ne l'avait jamais été, loin de là ! Mais alors M. de Girardin ne l'était pas non plus, et certainement il pensait comme sa femme ; maintenant il est devenu une des plus importantes recrues de la République après avoir crossé mieux que personne M. Gambetta sur sa défense et sur ses dépenses !

Il faut pourtant dire que durant toute sa carrière de journaliste, M. de Girardin a toujours soutenu les gouvernements établis.

Voici les lignes charmantes du vicomte de Launay sur les républicains de 1848 :

« Les républicains d'aujourd'hui ne ressemblent en rien aux fiers Brutus d'autrefois; ils ne se piquent nullement de sévérité ni d'abnégation ; ils veulent tout tuer, mais c'est pour bien vivre ; ils aiment le sang, mais ils aiment aussi la crème ; ils sont grossiers dans leurs manières, mais ils sont raffinés dans leurs goûts ; ils sont farouches, mais ils ne sont pas austères ; et s'ils veulent renverser Tarquin, ce n'est pas pour venger Lucrèce, c'est pour la lui souffler. Ces gens-là réunissent les défauts de toutes les classes sans leurs qualités ; ils ont la brutalité des unes, la puérilité des autres ; ils sont violents sans être ardents, rudes sans être aguerris, *mignons* sans être délicats. Ce sont des butors douillets : c'est la pire espèce de toutes.

« Vicomte de LAUNAY.

(Lettres parisiennes.)

Comme tout cela est vrai et qu'il faut être aveugle pour ne pas le voir ! Ainsi, voilà comment des républicains authentiques ont jugé les républicains ! Mais si leurs paroles sont écrasantes pour les tartufes de la démocratie, elles n'étaient nullement nécessaires, car, sauf de bien rares exceptions, ils ont tous le même but et la même ambition : *parvenir en faisant croire au peuple qu'ils se dévouent à lui* ! Et ce peuple stupide qui voit toujours jouer la même comédie se laisse duper par les mêmes auteurs auxquels il sert de tréteau et qui se moquent de sa crédulité ! Eternelle constance de la bêtise humaine ! Peuple souverain et si bien fait pour l'être, tour à tour, esclave ou tyran, ennemi de toi-même et incapable de garder un bon gouvernement, pousse tes flagorneurs où ils

veulent arriver, méconnais tes amis, et crie : Vive Bobêche !
puisque c'est là ta gloire et ta tradition !

Ces vertueux démocrates, qui ont toutes les audaces, ne ré-
clament-ils pas pour eux, et pour eux seuls le patriotisme !
Certes, si ce sentiment éclatait surtout dans le bruit et la jactance, ils seraient d'excellents patriotes ! Mais il me semble
que le patriotisme consiste uniquement à aimer son pays, et
à lui sacrifier ses autres préférences ? Or, ce sont ces hommes
qui ont trahi au 4 septembre, ou qui se sont réjouis publique-
ment de cette trahison après une défaite qui livrait la France
à l'ennemi, ce sont ces hommes qui prétendent au patriotisme !

Ceux qui établissent en face de l'ennemi leur exécrable
gouvernement et déclarent ne pas le payer trop cher au prix
de deux provinces !

Ceux qui hurlaient partout la guerre et qui, pendant que
les autres se faisaient tuer, manifestaient, haranguaient, abat-
taient les statues et promenaient de ville en ville le drapeau
rouge de la lutte et de la révolte, forçant M. Gambetta à s'ap-
puyer sur ses adversaires contre ses amis !

Ce sont ces hommes qui se disent patriotes à l'exclusion des
autres partis qui ont fait leur devoir ! Ah ! qu'ils osent tout
dire et tout entreprendre, mais qu'ils ne parlent jamais d'un
sentiment qu'ils ont foulé aux pieds et qui fait partie de l'honneur national ! Leur patriotisme n'est qu'une fiction, une pure
déclamation. Puisse enfin le vrai peuple comprendre où le
mènent ces jongleurs impudents qui n'ont d'autres visées que
leur intérêt, leur ambition et leur orgueil !

LES DERNIÈRES ÉLECTIONS
ET LE SUFFRAGE UNIVERSEL

> Le suffrage universel est un poison
> lent, mais sûr.
> PROUDHON.
> C'est un saut dans les ténèbres.
> LORD DERBY.

Les dernières élections ont été un triomphe pour les républicains, cela est certain ; mais ce triomphe est qualifié par eux de *foudroyant*, cela n'est pas vrai. Si grand que soit le succès, il est si loin de foudroyer les vaincus qu'il sera pour eux une force, et depuis longtemps il est désirable que les républicains soient maîtres de tout pour donner la mesure exacte de leur valeur, sans pouvoir, dans la suite, accuser leurs adversaires de les avoir gênés. Cette comédie a été jouée après 1848, il faut cette fois qu'on soit bien convaincu de l'impuissance d'un parti qui n'a que de la *blague* et qui fait péricliter les affaires dès qu'il est au pouvoir.

Dire à la majorité qu'elle a subi un échec *foudroyant* n'est qu'une niaiserie : qu'on fasse le total des abstentions et celui des voies données à cette minorité, on verra combien il est ridicule de vouloir achever les vaincus en les foudroyant..... dans les journaux ! Tous les partis ont été foudroyés en France depuis 89, cela ne les a nullement empêchés de vivre et de vaincre à leur tour. Achevons l'expérience qui dure depuis sept ans, et qui est surtout commencée depuis le 13 décembre, si on parvient à réaliser la moitié des promesses qui se renouvellent sous tous les gouvernements républicains, on s'en contentera, au cas contraire il ne restera à la République d'autres partisans que les fanatiques et certains ambitieux trop engagés pour changer d'opinion ; les autres lâcheront peu à peu, suivant l'exemple de leurs aînés sous le premier et le deuxième empire ; mais la grande désertion viendra de ceux qui ont attendu cette fameuse prospérité que les ministres ont si pompeusement annoncée à l'ouverture des Chambres. Oui, si le gouvernement ne tient pas ses promesses, s'il ne relève pas le commerce qui tombe, il disparaîtra sous la lassitude générale et la nécessité de rétablir le courant des affaires auxquelles la république a toujours été funeste.

Laissons les cris de joie aux vainqueurs du jour, attendons-les à l'œuvre ; s'ils ne se montrent pas capables de réaliser leurs projets, la France ne périra pas en s'obstinant à garder un gouvernement qui voudrait s'affermir sur des ruines !

Nous croyons qu'il est opportun de dire quelques mots du suffrage universel, ne fut-ce que pour dégriser ceux qui se réjouissent de ses folies et montrer une fois de plus le danger permanent de cette institution.

Personne n'a jamais essayer de démontrer la capacité, l'aptitude du peuple à exercer la souveraineté. Et, en effet, comment le ferait-on en présence des contradictions terribles dans lesquelles il est tombé quand on a voulu le mettre en possession de sa souveraineté ? Approuvant, exaltant, glorifiant ceux qui le trompaient par des mensonges, l'égaraient par des parjures, s'imposaient à lui par la violence, le dépouillaient de tous ses droits ; l'histoire des divers votes et plébiscites par lesquels le peuple souverain a sanctionné tour à tour la monarchie constitutionnelle en 1791, puis les diverses constitutions républicaines, puis le Consultat, puis l'Empire, constitue l'argument le plus décisif qu'on peut invoquer contre la souveraineté du peuple.

Il n'y a pas en effet de souverain qui ne serait déclaré incapable, reconnu en état de démence ou d'imbécillité, il n'y a pas de particulier qui ne serait interdit judicieusement s'il avait montré par des contradictions aussi éclatantes que toute lueur d'intelligence s'est éteinte en lui et qu'il ne lui est plus possible de distinguer entre le vrai et le faux, entre le bien et le mal, entre l'affirmation d'hier et celle d'aujourd'hui.

La souveraineté du peuple n'est en réalité que celle du fait accompli, car si le peuple peut ce qu'il veut, ce qu'il fait est légitime jusqu'à ce qu'il le défasse, mais que deviennent la justice, la liberté, la civilisation, si le fait accompli prime tout autre considération? Cette affirmation est la justification en droit, la légitimation la plus absolue de l'insurrection et des conspirations. Si le fait accompli est tout, s'il est vrai que le fait crée le droit, dès lors la seule préoccupation des partis doit être d'accomplir ce fait dont la réalisation rendra leur pouvoir légitime, la force devient l'unique arbitre, la seule règle de la politique, et la société est livrée à tous les hasards de la violence.

LA PEUR

> En politique, quiconque prévoit le lendemain, excite la colère de ceux qui ne conçoivent que le jour même.
>
> (Mme DE STAEL).
>
> L'expérience est un flambeau qui n'éclaire qu'à la condition de brûler.
>
> (GUIZOT.)

Les républicains français, presque tous issus de l'empire, se donnent journellement un bien joli ton, c'est de nier obstinément le danger des institutions républicaines : ni les faits historiques, ni leur propre expérience, ni l'évidence même n'ont de prise, ou du moins paraissent n'avoir de prise sur leurs convictions : c'est d'un air crâne et important qu'ils reprochent à leurs adversaires des craintes qu'ils affectent de trouver puériles en leur disant : vous avez peur !

Il faut ôter à ces bravaches leur semblant de courage et si réellement quelques-uns *n'ont-pas-peur*, il faut montrer qu'ils ne doivent ce mérite qu'à leur aveuglement et à leur ignorance.

Tout le monde sait que depuis moins d'un siècle la France a été mise trois fois en République et ce qu'est devenue sa fortune sous un régime où les passions ont si souvent dominé la raison et où elles sont toujours menaçantes.

Voici le tableau des fameuses journées de nos révolutions, je ne les donne pas toutes, ce serait trop long, et de plus inutile. Le simple rappel des faits dispensera de tout commentaire.

La première journée est celle du 14 juillet 1789, célèbre par l'attaque de la Bastille, l'égorgement de M. de Launay gouverneur de la forteresse, et de Flesselles, prévôt des marchands, par ceux que Mirabeau appelait « les plus grands drôles de Paris. »

Journées des 5 et 6 octobre 1789, à la suite desquelles on ramène le roi de France, accompagné, non pas de ses gardes du corps, mais des têtes de deux d'entre eux, plantées sur des piques.

20 *juin* 1792. — Violation des Tuileries par la populace, sous prétexte que le roi avait l'étrange prétention d'exercer le droit de *veto*, qu'il tenait de la Constitution de 91.

10 *août* de la même année. — Attaque des Tuileries à main armée et massacre de ses défenseurs par le peuple souverain.

Journées des 2, 3, 4 et 5 *septembre*, même année, c'est-à-dire massacre dans les prisons pendant quatre jours et quatre nuits, sans interruption et... sans jugement.

21 *janvier* 1793. — Exécution de Louis XVI, dont la personne était inviolable, de par la constitution de 1791.

31 *mai* 1793. — Investissement de la Convention par la populace, proscription de 22 girondins. Un peu plus tard, décret d'accusation de 42, puis de 64 autres représentants du même parti : Total 132 députés nommés par la nation, et supprimés par leurs honorables collègues.

16 *germinal* 1794. — Suppression de Danton et des députés de son parti.

9 *thermidor* 1794. — Suppression de Robespierre, Couthon, Saint-Just et Lebon, qui, de l'aveu de Billaud-Varennes et de Collot-d'Herbois eux-mêmes, dépassaient vraiment toute mesure.

12 *germinal* 1795. — Tumulte populaire dans la Convention à propos du procès intenté à Barrière et Cⁱᵉ.

1ᵉʳ *prairial* 1795. — Invasion de la Convention à main armée. Massacre du député Féraud. Jolie conduite de Romme, Goujon, Duroq, Dambatte, Saubrony, Duquesnoy, etc., qui fraternisent avec les insurgés et se rangent avec eux contre les élus du pays.

18 *fructidor* 1797. — Dispersion du conseil des Cinq-Cents et du conseil des Anciens, par Augereau, sur l'ordre du Directoire, sous prétexte que les prochaines élections menaçaient d'être réactionnaires. Déportation de 52 membres des conseils, deux membres du Directoire : Carnot et Barthélemy ; de tous les journalistes gênants, et annulation des élections de 48 départements.

22 *floréal* 1798. — Cette fois, c'est contre les démocrates, devenus trop menaçants, que le gouvernement se retourne, et il fait casser, par les conseils, 49 élections qui n'avaient pas eu le don de lui plaire.

30 *prairial* 1799. — Renversement illégal des deux directeurs, La Réveillière-Lepaux, et Merlin de Douai, par les conseils.

Voici pour la première république.

Passons à la seconde.

24 *février* 1848. — Renversement de Louis-Philippe par les républicains.

15 *mai* de la même année. (Cette fois la démagogie va bien plus vite qu'en 89). Invasion de l'Assemblée nationale.

Journées de juin. — Tentative d'insurrection le 16 janvier 1849. Affaire des Arts-et-Métiers, le 13 juin de la même année où Ledru-Rolin s'est immortalisé par sa fuite à travers un vasistas !

4 *septembre* 1870. — Renversement de l'empire *devant l'ennemi,* usurpation du pouvoir par les républiccins et suppression de toute représentation nationale.

31 *octobre* (même année). — Envahissement de l'Hôtel-de-Ville.

22 *janvier* 1871. — Nouvelle attaque de l'Hôtel-de-Ville.

18 *mars*. — **La Commune...** et tout ce qui s'en suit !

Cela fait 24 coups d'Etat, insurrections, 24 illégalités de première classe, *presque toutes sanglantes* ; 24 preuves d'arbitraire et de despotisme à inscrire au passif de ces apôtres de la liberté et de la légalité ; ils en ont été les perpétuels violateurs, et ce n'est que quand ils sont les maîtres qu'ils entendent qu'on respecte ce qu'ils ont établi !

*
* *

Voyons maintenant quelles conséquences il faut tirer de ce passé, et si rien de pareil n'est plus à redouter ; je ne parle pas de mouvements ou d'entreprises purement politiques, mais de crimes contre les personnes et les propriétés.

Les faits sont certains, il n'y à donc qu'à se demander s'ils peuvent se reproduire ou si dans « les couches sociales » l'état des esprits et la douceur des mœurs sont tels que tout danger a vraiment disparu et, qu'à moins d'être ahuri par la peur, on ne saurait en voir.

Est-ce que depuis la Commune la France est purgée de tous les scélérats qui ont incendié Paris et fusillé les otages ?

N'y en a-t-il pas d'autres, et en grand nombre, qui recommenceraient toutes ces scènes d'horreurs ?

Est-ce que les journaux les plus avancés ne glorifient pas cette Commune et ne demandent pas l'amnistie pour ceux qui sont à Nouméa ?

Est-ce que notamment les « égarés » qui habitent Genève, Londres ou Bruxelles ne nous envoient pas de menaces comme jamais le monde n'en a entendues ?

Est-ce que, même en France, leurs amis n'avertissent pas « les bourgeois » des vengeances du peuple ?

Est-ce que ces vengeances ne sont pas décrites, et ne dépassent-elles pas les crimes de la Commune ?

Est-ce que les électeurs de Lyon n'ont pas envoyé à la Chambre Bonnet-Duverdier uniquement pour avoir fait *un geste significatif* en injuriant le président de la République ?

Est-ce qu'il ne se trouve plus de gens qui disent qu'il faut « saigner » tous les prêtres et qui réclament un 93 contre ceux qui ne partagent pas leurs opinions ?

Est-ce que les républicains qui se disent modérés, qui ne voient pas ces signes ou qui prétendent ne pas les voir, ne favorisent pas les plans des futurs communards? S'ils ne sont pas sanguinaires, peut-on répondre de leur *énergie* pour arrêter les assassins?

Pas le moins du monde! Les uns deviendront leurs complices, les autres leurs victimes!

Est-ce que dans les convulsions populaires ce n'est pas *la queue qui mène la tête,* et ne se souvient-on plus du mot de Ledru-Rollin : « J'étais bien forcé de les suivre, puisque j'étais leur chef! »

Et enfin, est-ce que les mêmes causes ne produisent plus les mêmes effets?

Or, à toutes ces questions, la réponse ne peut être douteuse; pourquoi donc les républicains feignent-ils de s'étonner qu'ils inspirent la peur, et pourquoi beaucoup d'entre eux n'ont-ils pas peur eux-mêmes?

C'est que les premiers se disposent *à pêcher en eau trouble* et qu'indifférents à tout, hormis à leur bien-être, il est nécessaire qu'ils n'alarment pas trop afin de mieux préparer leur avènement. Quant aux seconds, ils sont rares; ce sont des importants et des idiots, leur vanité ou leur bêtise les empêchent de voir; ce n'est qu'atteints dans leur fortune et leur sécurité qu'ils commenceront à comprendre et à regretter leur aveuglement.

*
* *

Est-ce que dans ces conditions, dans un tel état social et avec des perspectives aussi peu riantes, la peur n'est pas naturelle? Ce n'est certes pas un sentiment qui honore beaucoup, lorsqu'il est personnel, excessif et trop prompt à se manifester, et on ne doit pas louer ceux qui ont pris des dispositions de départ lors des dernières élections; mais lorsque la peur est réfléchie, qu'elle se justifie par des leçons terribles dont une perversité croissante rend le retour probable, lorsqu'elle n'est pas bornée à l'intérêt ni à la sécurité personnels, qu'elle s'étend à tous et qu'elle a surtout en vue des calamités publiques, alors la peur n'est plus la peur, c'est de la prévoyance, c'est une lumière qui éclaire l'avenir pour le protéger, c'est un sentiment noble et généreux, c'est du patriotisme!

Assurément ce patriotisme n'a rien de commun avec celui des républicains, qui consiste à hurler des chants de guerre et de mort contre des adversaires politiques; c'est du patriotisme d'*autrefois*, celui qui animait les cœurs, lorsque la France n'avait pas été déchirée par les Révolutions et que la politique n'était pas devenue une industrie pour des chenapans et des aventuriers!

Au surplus, ce ne sont pas ceux qui avertissent le pays de dangers formidables, ni ceux dont la peur est surtout égoïste, qui sont les plus peureux; ceux-là se trouvent chez les républicains! En effet, personne n'ignore que la masse des recrues dans le parti républicain, se fait parmi ceux qui se précautionnent contre les éventualités de l'avenir, car les républicains ont cela d'*intéressant* et de *remarquable,* c'est qu'ils inspirent une véritable terreur à beaucoup de gens; c'est pourquoi les autres partis sont momentanément désertés par des lâches qui veulent sauver leur peau lorsque nous jouirons des bienfaits de la vrai république; alors, après la tourmente, ils reviendront en disant: Nous avons cru que ça pouvait marcher, mais nous voyons que ce n'est pas possible.

Le retour au parti que l'on avait quitté n'est pas plus difficile que cela, on a fait grand tapage chez les républicains *pour mieux cacher sa peur,* et le moment venu où ils ne sont plus à craindre, on leur dit carrément leur fait, et le tour est joué!

Oh! les républicains connaissent leur personnel, ils savent combien ils étaient sous le premier empire et combien ils seront le jour de leur défaite! A cet égard ils ne se font aucune illusion, mais ils utilisent les forces numériques que la peur leur amène; ils savent qu'ils ont parmi eux des hommes capables des plus grands forfaits, et c'est ce qui grossit surtout leur parti, *et pas autre chose.* C'est donc chez les républicains que se trouvent en majorité les lâches qui passent toujours du côté du plus fort et les scélérats qui y restent en permanence à l'affût d'une nouvelle Commune.

*
* *

Mais après tout, s'il y a aussi des peureux chez les conservateurs, — et certes il n'en manque pas — ils ont du moins le mérite de ne pas avoir déserté leur parti, et il faut reconnaître que si le courage consiste à faire face au péril, on ne saurait prétendre qu'il est aussi dans l'ignorance et dans l'imprévoyance, ni que l'on doit attendre le moment prévu où des égorgeurs viendront par bandes chercher leurs victimes, comme cela s'est fait et se fera encore lorsque les dernières couches sociales auront pris le pouvoir. Autant vaudrait dire que si l'on était poursuivi par des tigres, la fuite serait honteuse, et qu'on devrait les attendre pour montrer du courage! (1)

Ce calme stupide est pourtant recommandé par des poseurs et des imbéciles parce qu'ils recueillent dans quelque mesure des avantages de la République, parce qu'ils occupent les grandes et les petites situations, parce qu'ils sont CONTENTS!

Mais sont-ils réellement assez bêtes pour croire que leur jactance est prise pour du courage? Cela se pourrait bien.

Ils accusent les autres d'avoir peur, mais s'ils apercevaient *pour eux* le moindre danger, ils fuiraient avant l'heure! L'assurance dont ils font parade ne vient que de leur courte vue, elle n'est que le masque de leur lâcheté. A chaque observation sur les terribles journées qui ont marqué nos révolutions, ils disent : « C'est vrai, mais rien de pareil ne se repro-

---

(1) M. Clémenceau, qui passe volontiers pour l'homme le plus brave de la gauche radicale, déclarait récemment, devant un conseil de guerre, que la populace, le 18 mars 1871, ressemblait à une bande de tigres et que s'il avait osé intervenir en faveur du général Lecomte et de M. Clément-Thomas, ses électeurs eux-mêmes n'auraient pas respecté sa personne radicale.

Et c'est le même Clémenceau qui vient de dire *qu'il n'y a jamais rien à craindre du peuple de Paris.*

(Extrait par le *Vosgien* du journal l'*Univers.*)

duira. » Et il faut se contenter de cette réponse, vainement leur montre-t-on les signes qui annoncent de nouveaux forfaits, ils ne veulent pas les voir !

C'est l'idiotisme ou le parti pris poussés à leur extrême limite.

Qu'adviendra-t-il de tout cela ? Ce qui est toujours advenu, et le mot de M. Thiers recevra une cruelle confirmation : « La République, même conservatrice, périra dans le sang ou l'imbécilité. »

Nous pouvons avoir cette dernière perspective parce que la lassitude est déja grande, même chez ceux que l'amour-propre déçu et l'obstination empêchent de parler; les affaires empirent chaque jour; les fastueux mensonges des meneurs sont déjà bien usés, les moutons du parti commencent à voir qu'il leur reste peu de laine, et que ce ne sont ni les *cléricaux* ni les *réactionnaires* qui les ont tondus; lorsque le besoin se fera sentir davantage, l'utopie fera place à la réalité et on aura beau répéter les anciennes promesses, les niais verront clair, ils seront corrigés, et nous auront la fin de cette bouffonnerie. Avant l'expiration des pouvoirs du Maréchal, le pays sera épuisé, lassé, dégoûté; or, sous sa présidence, la sécurité publique ne sera pas troublée, c'est pourqu'oi nous échapperons peut-être au dénouement rêvé par les prôneurs de *fraternité.*

Veut-on maintenant avoir sur l'avenir que nous réserve la démocratie, l'opinion d'un républicain pur, *très-pur*, qui lui a consacré sa vie, et qui avait une grande intelligence? c'est une prédiction *déja en partie réalisée* et dont *nos bons rouges* démontreront l'entière exactitude... si on n'y met obstacle !

Voici ce qu'écrivait Proud'hon le 3 mai 1860 à son ami Charles Beslay :

« J'ai vécu, j'ai travaillé, je puis le dire, quarante ans dans « la pensée de la liberté et de la justice; j'ai pris la plume pour « les servir, et je n'aurai servi qu'à hâter la servitude générale « et la confusion »

Et ailleurs :

« On verra une multitude déchaînée, armée, ivre de ven-
« geance et de fureur;

« Des piques, des haches, des sabres nus, des couperets et
« des marteaux;

« La citée morne et silencieuse; la politique au foyer de la
« famille, les opinions suspectées, les larmes observées, les
« soupirs comptés, le silence épié, l'espionnage et les dénon-
« ciations;

« Les réquisitions inexorables, les emprunts forcés et pro-
« gressifs, le papier-monnaie déprécié;

« La guerre civile et l'étranger sur les frontières;

« Les proconsulats impitoyables, le comité de salut public,
« un tribunal suprême au cœur d'airain;

« Voila les fruits de la révolution démocratique et sociale. »

N'a-t-on pas vu quelque chose de semblable à Paris, au mois
de mai 1871? Et croit-on que la République que veulent les
vrais républicains, ce n'est pas la sociale? On est peut-être
resté un peu au-dessous des peintures de Proudhon, raison de
plus pour faire mieux quand on pourra recommencer ces sanglantes orgies. Les hypocrites qui nient le danger, les *fins*
railleurs qui se gaussent de la prévoyance, pourront alors
exercer leur bravoure, mais d'ordinaire ce sont les plus impré-
voyants qui sont les moins braves, ils pratiquent à point la
prudence de Panurge.

Prévoir, c'est savoir. De Pyat et Rochefort, qui sont des raffinés, jusqu'aux bas-fonds des couches sociales, il y a au moins
autant de scélérats qu'en 92 et que dans la Commune, et ceux-
là commettront des crimes inouïs s'ils deviennent nos maîtres;
or, il est certain que cela est possible, car la tendance est au
pire, en France, c'est la règle de la démocratie. Aujourd'hui,
avec les invalidations systématiques, les révocations iniques,
les avancements scandaleux, « l'*ère de prospérité* » et le despotisme de nos législateurs, nous sommes dans l'âge d'or de la
République, Proud'hon a dit quel sera le suivant.

M. THIERS, M. DE BISMARCK

EN NOTRE RÉPUBLIQUE

Après l'effondrement de l'Empire, M. Thiers a pu croire à
la nécessité, au moins temporaire, de la République, malgré les
causes diverses qui rendent ce gouvernement si dificile en
France; mais il n'est pas douteux que sa préférence a été surtout déterminée par son ambition et parce qu'il s'est vu
l'homme de la situation au point qu'aucun autre ne pouvait,
même de loin, lui être comparé; son expérience et ses apti-
tudes pouvant seules suffire à l'aplanissement des difficultés
qui ont suivi la guerre.

M. Thiers avait une ambition énorme, et la république lui
permettait d'occuper la plus haute magistrature de l'Etat; si
on avait porté à la présidence un autre que lui, elle n'aurait
pas eu d'adversaire plus déclaré, et, avec la majorité monarchique de la première Assemblée, elle n'aurait eu qu'une courte
existence.

Il nous semble que cette conviction s'impose comme l'évidence, elle s'appuie sur le caractère bien connu de M. Thiers
et sur le langage qu'il a tenu à divers époques de sa longue et
brillante carrière. Pourtant les républicains affectent de dire
que M. Thiers est venu à eux comme éclairé par une lumière
subite, et, convaincu par l'excellence de leur gouvernement,
cela est absolument faux, nous allons le démontrer.

Comme on se paie volontiers de mots en France, on a fait
de cette phrase, attribuée à M. Thiers : « La République est le

gouvernement qui *nous divise le moins*, un argument pour la fondation du régime actuel. Or, M. Thiers n'a jamais tenu ce langage. Voici textuellement ce qu'il a dit, — et c'est bien différent, — en 1848 : « La République est le gouvernement qui nous divise le moins, *nous autres qui ne l'aimons pas, et qui divise le plus les républicains*, qui l'aiment. »

C'est le même M. Thiers qui, après 1830, sous la monarchie, qu'il avait contribué à fonder, a écrit que « la République n'est pas faite pour les Etats grands, vieux, civilisés » et qui s'est écrié à la tribune : « La France a horreur de cette forme de gouvernement qui ne peut que tourner au sang et à l'imbécilité. »

C'est encore lui qui, le 8 juillet 1871, à Bordeaux, disait : « La République n'a jamais réussi dans les mains des républicains », et il ajoutait : « Je ne suis pas changé, et voici quel républicain je suis : J'ai pensé toute ma vie au gouvernement que mon pays pouvait souhaiter, et si j'avais eu le pouvoir qu'aucun mortel n'a jamais eu, j'aurais donné à mon pays ce que, dans la mesure de mes forces, j'ai travaillé quarante ans à lui assurer sans pouvoir y réussir : *la monarchie constitutionnelle*. »

Après ces citations, faciles à vérifier, n'est-il pas certain que M. Thiers n'était nullement républicain et que l'amour du pouvoir, beaucoup plus que la difficulté d'établir la monarchie, a été la cause déterminante d'une préférence purement accidentelle et de situation.

Il est bon que l'on sache cela et qu'à l'occasion on puisse répondre à ceux qui prétendent faire de M. Thiers un républicain convaincu ; il n'était que converti à la République, avec le regret de *ne pouvoir en être le chef unique*, c'est-à-dire souverain !

En 1848, M. Thiers a porté sur le suffrage universel un jument *aussi peu respectueux* que celui de Voltaire sur la démocratie, il l'a conspué en parlant de « la ville multitude » ; voici une définition de Voltaire qui a été omise dans tout ce qui a été dit depuis un mois au sujet de son centenaire :

« LA DÉMOCRATIE EST LE DESPOTISME DE LA CANAILLE. »

Telle est l'opinion de Voltaire, puisque les républicains le réclament et en font le précurseur de leurs idées, ils peuvent bien aussi réclamer M. Thiers !

Passons à M. de Bismarck.

Ici nous nous trouvons en face d'un homme *qui aime beaucoup notre démocratie*, il a pour cela d'excellentes raisons qu'il a données dans ses dépêches au comte d'Arnim, elles ont été souvent publiées. Mais on ne saurait trop redire d'ou vient *le grand amour* de M. de Bismarck pour *notre* république, cela ne fait pas honneur au patriotisme des républicains, mais M· Gambetta vient justement de nous apprendre qu'en dehors de la république il n'y a plus de patriotisme !

Cela revient à dire qu'avec des républicains sous la république, il n'y a plus de France ! Nous le savions déjà !

Voici ce que M. de Bismarck écrivait à M. d'Arnim le 10 novembre 1871 :

« Soutenez la République.

« 1º Parce que le gouvernement républicain est par sa nature un dissolvant ;

2º Parce que la République en France est le parti des sots, des bavards et des brouillons, et qu'étant le plus mauvais, c'est celui que nous devons souhaiter pout elle ;

3º Parce que, enfin, *la France, sous ce gouvernement* NE TROUVERA PAS D'ALLIANCE EN EUROPE; *qu'ainsi isolée au dehors, déchirée au dedans, elle ne pourra pas se relever et nous nuire.* »

Est-ce clair ? Mais nos républicains ont à Paris un *maître* et à Berlin un *protecteur* redoutable qui peut tout espérer d'un parti toujours plus divisé et où l'on finira par se dévorer. Quand on en sera là, les prétextes ne manqueront pas à M. de Bismarck pour recommencer la guerre, ce doit-être le vœu du grand chancelier.

www.ingramcontent.com/pod-product-compliance
Lightning Source LLC
Chambersburg PA
CBHW061325050726

47595CB00005B/1822